PLANETA ANIMAL

EL PAVO REAL

POR VALERIE BODDEN

CREATIVE EDUCATION • CREATIVE PAPERBACKS

Publicado por Creative Education
y Creative Paperbacks
P.O. Box 227, Mankato, Minnesota 56002
Creative Education y Creative Paperbacks son marcas
editoriales de The Creative Company
www.thecreativecompany.us

Diseño de The Design Lab
Producción de Rachel Klimpel
Dirección de arte de Rita Marshall
Traducción de TRAVOD, www.travod.com

Fotografías de Alamy (blickwinkel, bonzami emmanuelle,
Ciobaniuc Adrian Eugen, Pradeep Soman), Dreamstime
(Dalius Baranauskas, Gnanamclicks, Ivan Kravtsov, Alex-
ander Potapov, Kalina Ravutsova), Getty (Tony Bayliss/
EyeEm, Roshana Prasad, Anne Rippy), Shutterstock
(apiguide, dangdumrong, Roongroj Sookjai)

Library of Congress Cataloging-in-Publication Data
Names: Bodden, Valerie, author.
Title: El pavo real / by Valerie Bodden.
Other titles: Peacocks. Spanish
Description: Mankato, Minnesota : Creative Education
and Creative Paperbacks, [2023] I Series: Amazing
animals I Includes bibliographical references and index.
I Audience: Ages 6–9 I Audience: Grades 2–3 I
Summary: "Elementary-aged readers will discover three
kinds of peacocks. Full color images and clear explana-
tions highlight the habitat, diet, and lifestyle of these
beautiful birds."– Provided by publisher. Identifiers:
LCCN 2022007759 (print) I LCCN 2022007760
(ebook) I ISBN 9781640265851 (library bind-
ing) I ISBN 9781682771402 (paperback) I ISBN
9781640007048 (ebook) Subjects: LCSH: Peafowl-
-Juvenile literature. Classification: LCC QL696.G27
B63518 2023 (print) I LCC QL696.G27 (ebook) I
DDC 598.6/258–dc23/eng/20220308
LC record available at https://lccn.loc.gov/2022007759
LC ebook record available at https://lccn.loc.
gov/2022007760

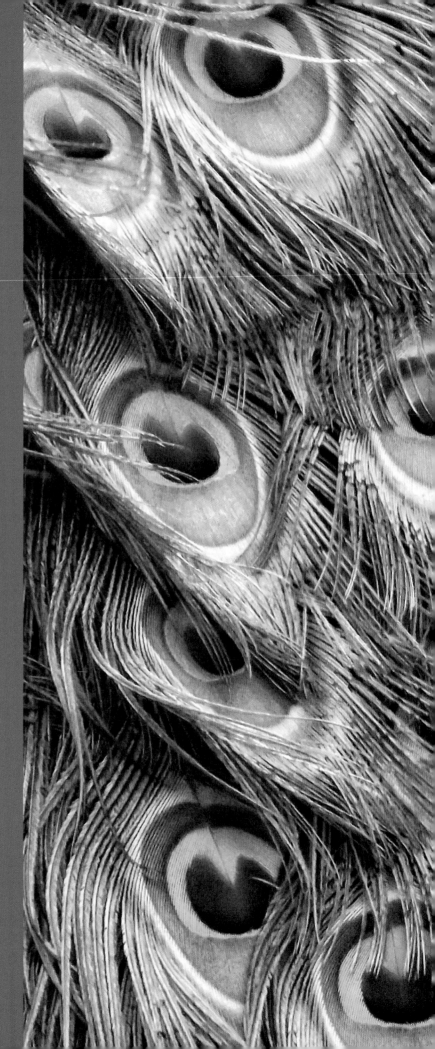

Tabla de contenido

El pavo real es una de las aves voladoras más grandes. La mayoría de la gente los llama pavos reales, pero ese es solo el nombre del macho. Hay tres tipos de pavos reales. El más común es el pavo real de pecho azul. Los otros son el pavo real cuelliverde y el pavo real del Congo.

Las plumas levantadas de su cabeza se llaman cresta.

LOS pavos reales machos azules y cuelliverdes tienen en la cola plumas largas llamadas abanico. Despliegan las plumas de la cola para atraer a las hembras. A la hembra se le llama pava real. Las pavas reales generalmente son grises o del color café. En la cola tienen plumas cortas.

Cuando un pavo real está en peligro, puede volar para ponerse a salvo.

El pavo real de pecho azul macho puede pesar hasta 13 libras (5,9 kg). Un abanico puede tener hasta 200 plumas. Cada pluma puede medir cinco pies (1,5 m) de largo. El pavo real cuelliverde y el pavo real del Congo son más pequeños que el pavo real de pecho azul. Las pavas reales generalmente son más pequeñas que los machos.

El pavo real del Congo macho (arriba) no tiene abanico largo.

LOS pavos reales viven en bosques tropicales templados. El pavo real de pecho azul y el cuelliverde viven en Asia. El pavo real del Congo vive en la parte central de África.

El pavo real de pecho azul es el ave nacional de India.

Los estómagos de las aves tienen una parte llamada molleja que tritura la comida.

Los pavos reales comen **insectos**, semillas, hojas y bayas. También comen lombrices y serpientes pequeñas. Además, suelen tragar piedritas. Las piedritas les ayudan a **digerir** su alimento.

digerir descomponer la comida para que pueda ser usada por el cuerpo

insectos animales pequeños con el cuerpo dividido en tres partes y que tienen seis patas

Las crías viven con la madre de dos a seis meses.

Las pavas reales ponen de cuatro a seis huevos en un nido en el suelo. Después de un mes, las crías **rompen el cascarón**. Las crías de un día de nacidas siguen a su madre para buscar comida. En la naturaleza, la mayoría de los pavos reales viven unos 20 años.

eclosionar cuando el huevo se rompe para que nazca la cría

Cerca del 70 por ciento de la dieta del pavo real consiste en plantas.

Los pavos reales pasan mucho tiempo buscando comida. También, se **acicalan** mucho. A veces, toman baños de tierra.

acicalarse limpiarse las plumas con el pico

El grito de algunos pavos reales puede oírse a una distancia de hasta cinco millas (8 km).

LOS pavos reales son demasiado pesados como para volar alto o lejos. Pero en las noches, están **perchados** en los árboles. Allí están a salvo de los perros salvajes. Pero deben cuidarse de las águilas y los leopardos. Cuando el pavo real se asusta, lanza un grito de advertencia. ¡Suena más fuerte que la sirena de la policía!

perchado dormir sobre una percha (por ejemplo, una rama), por encima del nivel del suelo

Algunas personas pueden ver pavos reales en granjas. Otras, los visitan en zoológicos y parques. ¡Es divertido observar a estas coloridas aves de cola larga!

Cada pluma del abanico del pavo real tiene una mancha con forma de ojo llamada ocelo.

Un cuento del pavo real

En Asia, la gente contaba una historia sobre por qué los pavos reales son tan coloridos. Decían que alguna vez el cuervo y el pavo real tuvieron plumas blancas. Ambos querían ser coloridos, así que decidieron pintarse mutuamente. El cuervo pintó al pavo real de un azul y un verde brillantes. Pero el pavo real no quería que el cuervo se viera más bonito que él. Así que lo pintó de negro. Ahora, el pavo real es el ave más colorida de todas.

Índice